8° Li 28 328

Paris
1904

d' Hozier, Charles-René

Armorial des villes, monastères, communautés de la province d'Auvergne

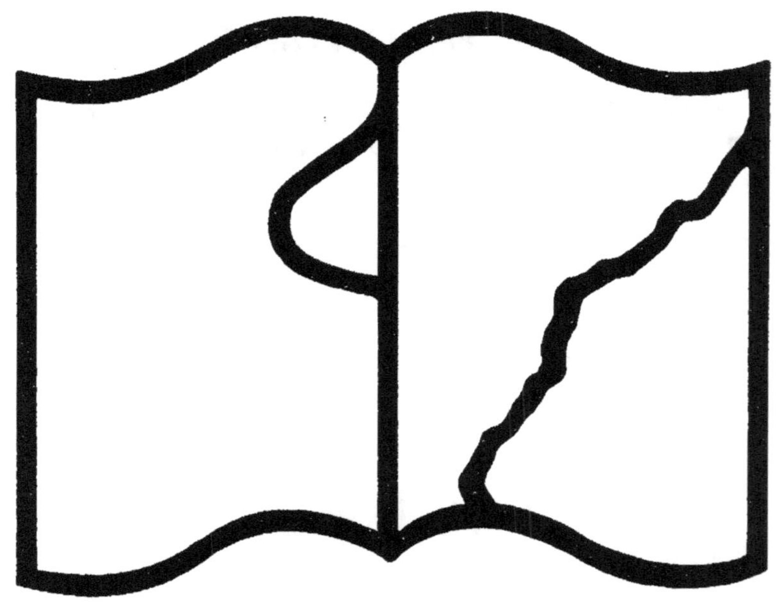

**Symbole applicable
pour tout, ou partie
des documents microfilmés**

Texte détérioré — reliure défectueuse

NF Z 43-120-11

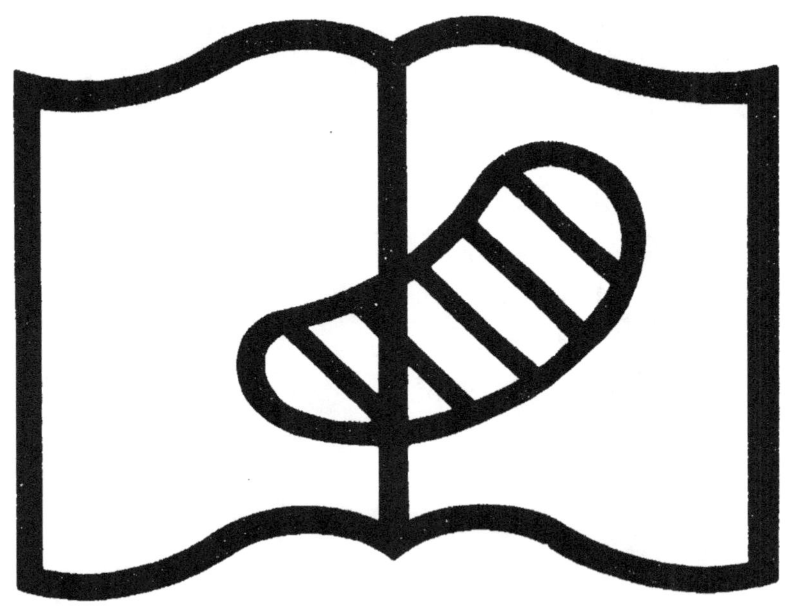

Symbole applicable
pour tout, ou partie
des documents microfilmés

Original illisible

NF Z 43-120-10

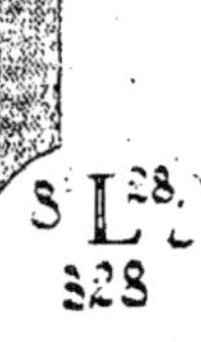

Docteur Louis de RIBIER

ARMORIAL

DES

VILLES, MONASTÈRES, COMMUNAUTÉS, ETC.

DE LA

PROVINCE D'AUVERGNE

D'après l'Armorial général de d'Hozier, de 1696

PARIS

H. CHAMPION, ÉDITEUR

9, quai Voltaire, 9

1904

Docteur Louis de RIBIER

ARMORIAL

DES

VILLES, MONASTÈRES, COMMUNAUTÉS, ETC.

DE LA

PROVINCE D'AUVERGNE

D'après l'Armorial général de d'Hozier, de 1696

PARIS

H. CHAMPION, ÉDITEUR
9, quai Voltaire, 9

1904

Armorial des Villes, Monastères, Communautés, etc.

DE LA PROVINCE D'AUVERGNE

D'après l'Armorial général de d'Hozier, de 1696.

INTRODUCTION

L'Armorial général de la province d'Auvergne fut dressé conformément à l'édit du mois de novembre 1696 ; ce ne fut en réalité qu'une mesure financière et la question héraldique paraît avoir fort peu préoccupé ses auteurs. Le sieur Adrien Vanier, chargé de l'exécution de l'édit, devait recueillir les armoiries et les présenter aux commissaires généraux du Conseil députés par le roi à cet effet, et ceux-ci décidaient que les armes seraient inscrites à l'Armorial (1).

(1) Nous avons eu notre possession un des brevets d'inscription d'enregistrement d'armoiries à l'Armorial général délivré par d'Hozier, nous le donnons ici à titre de document :

N°.....

Par ordonnance rendue

le..... du mois d................. de l'an 169... par M^{rs} les Commissaires généraux du Conseil, députés sur le fait des armoiries.
Celles de . . . .
. . . .
Telles qu'elles sont ici peintes et figurées, après avoir été reçues, ont

En réalité, Vanier donna de sa propre autorité des armes à ceux, fort nombreux du reste, qui négligèrent de lui envoyer les leurs. Ce sont en général des armes parlantes, d'un goût douteux et pour la plupart absolument fantaisistes.

Il est regrettable de voir Louis XIV, toujours à court d'argent, discréditer ainsi une institution honorable et forcer son généalogiste d'Hozier à signer cet Armorial de fantaisie, le 10 février 1702 (1).

Toutefois, s'il est acquis qu'au point de vue des armoiries de famille il ne faut prêter qu'une médiocre créance à l'Armorial général de d'Hozier ; il n'en est pas de même pour les armes des villes, monastères, communautés, corps constitués, etc. ; qui envoyèrent eux-mêmes leurs armoiries ; ce qui leur donne, de ce fait, un plus grand caractère d'authenticité.

Bouillet, dans son Histoire des communautés d'arts et métiers de l'Auvergne, n'en ayant fait connaître qu'une petite partie (2) ; nous croyons intéressant, pour l'histoire de notre province, de rapporter les autres.

Si, comme nous le déplorions plus haut, la décision de Louis XIV fut regrettable à plusieurs points de vue, il dut s'en consoler en présence du résultat immédiat qu'elle lui

été enregistrées à l'Armorial général, dans le Registre cotté...........
en conséquence du payement des droits réglés par les Tarifs et Arrest
du Conseil, du 20e de novembre de l'an 1696. En foi de quoi, le présent
Brevet a été délivré par Nous Charles d'Hozier, conseiller du Roi, et
garde de l'Armorial général de France, etc. A Paris, le..... du mois
d..............., de l'an 169...

[Signé] D'HOZIER.

Original en parchemin de 20 mill. sur 30 mill. Les armoiries sont peintes en tête.

(1) Cet Armorial, qui se trouve à la Bibliothèque nationale, manuscrit français 32198, est inédit, il contient la description des armoiries et les noms et qualités des personnages, et est complété par le manuscrit français 32229, où sont peints tous les blasons.

Nous avons aussi fait quelques emprunts à l'Armorial du Bourbonnais, mss. fr. 32197 et 32231, en respectant l'orthographe du manuscrit.

(2) J.-B. BOUILLET, *Histoire des Communautés des Arts et Métiers de l'Auvergne,* accompagnée des bannières que portaient ces communautés avant 1789. Clermont-Ferrand, Hubler, 1857.

procura. Nous voyons en effet, que, pour l'Auvergne seulement, 2331 armoiries furent enregistrées aux prix suivants :

Armoiries de personnes, 1934 à 20 livres.

    — de chapitres, 33 à 25*.

    — de séminaires, 3 à 25*.

    — de couvents, 49 à 25*.

    — de communautés, 207 à 25, 50 et quelquefois 100*

    — de corps d'officiers, 31 à 25, 50 et quelquefois 100*

    — de villes, 28 à 50 et 100*.

    — d'abbayes, 28 à 50*.

    — de prieurés, 12 à 25*.

    — de collèges, 2 à 25*.

    — de commanderies, 3 à 25*.

    — de paroisse (*une seule, celle de Glénat en Haute-Auvergne*), à 20*.

L'ensemble rapporta au trésor royal cinquante-et-un mille six cent soixante-quinze livres.

DESCRIPTION DES ARMOIRIES

La Ville d'Allanche : d'or, à deux clefs de sable passées en sautoir.

La Ville d'Aiguuperse : d'or, à deux fasces de gueules et deux pals d'argent brochant sur le tout (1).

Le Chapitre de Notre-Dame de la ville d'Aigueperse en Auvergne : d'azur, à la sainte Vierge couronnée, assise en tenant un sceptre de la main dextre et son Saint-Enfant Jésus sur son bras senestre, le tout d'or ; avec cette inscription : *Sigillum collegii ecclesiæ beatæ Mariæ Aquapersanæ* (2).

La Ville d'Ambert : d'azur, à deux tours rondes d'argent jointes par un entremur ouvert, crénelé de cinq pièces de même, le tout maçonné de sable.

Le Couvent des Religieuses de la ville d'Ambert : d'azur, à un lys au naturel mouvant d'une touffe d'épines d'or.

La Ville d'Ardes : d'or à trois fasces ondées d'azur.

La Communauté des Pasteurs d'Ardes : d'azur, à une Notre Dâme accostée de Saint-Dizain et de Saint-Adrien, martyrs, le tout d'or.

Le Corps des Officiers de la Justice de la ville d'Arlant : d'or, à une main de justice de sable posée en pal.

La Communauté des Prêtres du bourg et de la ville d'Arlant : d'or, à une croix du calvaire de sable.

La Ville d'Artonne : de sable, à un tonneau d'azur (3).

Le Chapitre de l'Eglise collégiale de la ville d'Aurillac : d'argent, à un livre ouvert d'azur.

<hr>

(1) *Armorial général du Bourbonnais*, Bibl. nat., ms. fr. 32197, page 636.

(2) *Ibidem*, page 618.

(3) *Ibidem*, page 593.

Le Couvent des Religieuses de Sainte-Claire de la ville d'Aurillac : d'or, à une croix dentelée de sinople.

Le Corps des Officiers du bailliage d'Aurillac : de gueules, à un chef d'argent chargé de trois fleurs de lys d'azur.

Le Corps des Officiers de l'Election de la ville d'Aurillac : de gueules, à trois fleurs de lys d'or.

La Communauté des Prêtres de la ville d'Aurillac : partie d'argent et de sinople à une croix de l'un à l'autre.

Le Couvent des Religieuses du Buis d'Aurillac : d'argent, à une escarboucle percée, fleuronnée et pommetée de gueules.

Le Couvent des Religieuses de la Visitation Sainte-Marie de la ville d'Aurillac : d'or, à une croix recroisettée de sable, enserrée de douze degrés et au pied fiché d'or.

Le Corps des Officiers de la Maîtrise particulière des Eaux et Forest de la province d'Auvergne : d'argent, à un écusson d'azur chargé de trois fleurs de lys d'or, 2 et 1 ; sommé d'une couronne à la royale aussi d'or, accosté de six arbres de sinople rangés sur une terrasse de même, trois de chaque côté ; accompagné en pointe d'un gonfanon de gueules frangé de sinople.

Le Corps des Officiers de la Justice de la ville d'Auzon : d'azur, à trois fleurs de lys d'or, 2 et 1.

Le Prieuré de la Bajasse : d'or, à un chevron d'azur et un chef de même, chargé d'une croix d'argent.

L'Abbaye de Belaigue : d'azur, à deux fasces ondées d'argent.

La Ville de Besse en Auvergne : d'azur, à l'image de saint Jean-Baptiste dans le désert et trois fleurs de lys deux en chef et une en pointe, le tout d'or.

La Communauté des Prêtres de Besse : d'or, à un sautoir de gueules.

La Ville de Billom : d'azur, à un portail crénelé d'or, flanqué de deux hautes tours crénelées de même, surmonté de trois fleurs de lys aussi d'or, rangées en chef.

Le Chapitre de Saint-Cerneuf de la ville de Billom : d'azur, à trois colombes d'argent, 2 et 1.

Le Couvent des Jésuites de la ville de Billom : d'azur, à un nom de Jésus d'or.

Le Corps de la Justice de la ville de Billom : d'azur, à un croissant d'or surmonté d'une étoile de même.

Le Couvent des Religieuses de la Visitation Sainte-Marie de Billom : d'or, à un cœur de gueules, percé de deux flèches d'or empennées d'argent, passées en sautoir au travers du cœur, chargé d'un nom de Jésus d'or ; une croix de sable fichée dans l'oreille du cœur ; le tout enfermé dans une couronne d'épines de sinople, les pointes ensanglantées de gueules.

La Ville de Blesle : d'azur, semé de trèfles d'or, à un chevron d'argent brochant sur le tout.

L'Abbaye de Blesle : d'argent, à trois croix pattées de sable, 2 et 1.

L'Abbaye du Bouchet : d'azur, semé de fleurs de lys d'or, à une tour d'argent brochante sur le tout.

Le Couvent des Religieux de l'Abbaye du Bouchet : idem.

L'Abbaye des Religieuses de Blageac : d'or, à une croix de gueules, chargée en cœur d'un anil de moulin d'or.

Le Corps des Officiers de la Justice de Briket ? (1) : d'argent, à un chef de gueules, chargé de trois fleurs de lys d'argent.

Le Prieuré de Brioffes : de gueules, à une croix d'argent.

Le Chapitre des Chanoines et Comtes de la ville de Brioude : écartelé, au 1er et 4e de gueules à une tête humaine de carnation entourée de rayons d'or, soutenue d'un bras armé d'une épée d'argent ; au 2e et 3e d'azur à une croix d'argent cantonnée de douze fleurs de lys d'or, trois à chaque canton, posées 2 et 1.

Le Couvent des Religieuses de Notre-Dame de la ville de Brioude : d'azur, à un nom de Jésus-Marie d'or, soutenu de trois clous mouvans d'un cœur de même.

Le Couvent des Religieuses de Saint-Joseph de la ville de Brioude : d'azur, à trois fleurs de lys d'or.

(1) Ce mot est tellement mutilé que nous n'avons pu le reconstituer ; on pourrait peut-être lire Bredon près Murat (Cantal).

Le Couvent des Religieuses de la Visitation de Brioude: d'or, à un cœur de gueules percé de deux flèches d'or, empennées d'argent, passées en sautoir au travers du cœur qui est sommé d'une croix de sable au pied fiché. Le cœur chargé d'un nom de Jésus et de Marie d'or, le tout enfermé dans une couronne d'épine de sinople, les pointes ensanglantées de gueules.

Le Chapitre de Brioc: d'azur, à un Notre-Dame, appuyant ses pieds sur un croissant ; le tout d'argent enfermé dans un cercle dentelé de même.

Le Chapitre de l'Église collégiale de Cébazat: d'or, à une croix de gueules.

La Commanderie de Celles : d'or, à une croix pattée d'azur.

L'Abbaye de La Chaise-Dieu: d'or, à deux clefs passées en sautoir de gueules.

La Communauté des Prêtres de La Chaise-Dieu : d'azur, à un nom de Jésus d'or.

La Communauté des Religieuses de La Chaise-Dieu : de sable, à une croix annillée d'or.

La Communauté des Prêtres de Chalinargues : d'azur, à un calice d'or.

Le Chapitre de l'Église Notre-Dame de Chamalières, près Clermont: d'azur, à une annonciation d'or, l'ange à dextre contourné et la Vierge à sénestre, l'un et l'autre debout.

Le Prieuré de La Chapelle en Visie: d'or, à un bâton prieural d'azur.

La Ville de Chaudesaigues : d'azur, à une montagne d'or mouvante d'un bouillon d'eau fumante d'argent, surmontée de deux fleurs de lys d'or rangées en chef.

Le Chapitre de Chaudesaigues: d'argent, à trois fasces ondées de gueules.

Le Corps des Officiers de la Justice de Chaudesaigues: d'azur, à une main de justice posée en pal, accostée de deux fleurs de lys, le tout d'or.

Le Couvent des Religieuses de Chaudesaigues : d'argent, à trois fasces ondées de gueules.

LE COUVENT DES MINIMES DE CHAUMONT : d'azur, à un Saint-Pierre d'argent, tenant en sa main deux clefs de même.

L'ABBAYE DE CRAZES : d'azur, à une croix ancrée d'or, chargée d'une colombe de sable.

LA VILLE DE CLERMONT EN AUVERGNE : d'azur, à une croix d'or ondée de gueules et cantonnée de quatre fleurs de lys d'or.

LE COUVENT DES RELIGIEUSES AUGUSTINES DE LA VILLE DE CLERMONT : de sable, à trois croix d'or, 2, 1.

LE COUVENT DES RELIGIEUSES BÉNÉDICTINES DE CLERMONT : d'argent, à une Sainte-Scholastique vêtue en religieuse de l'ordre de Saint-Benoît qui est de sable, et tenant une crosse d'or.

LE CHAPITRE DE L'ÉGLISE CATHÉDRALE DE LA VILLE DE CLERMONT : d'azur, à une croix d'or vuidée de gueules, cantonnée de quatre fleurs de lys d'or.

LE CHAPITRE DE NOTRE-DAME DU PORT A CLERMONT : d'azur, à un navire d'or voguant sur des ondes d'argent, surmonté d'une Notre-Dame d'or.

LE CHAPITRE DE L'ÉGLISE SAINT-GENEZ DE CLERMONT : d'azur, à un saint Genez martyr d'argent, tenant en sa main une croix double ou à double traverse, d'or.

LE COUVENT DES JÉSUITES DE CLERMONT : d'azur, à un nom de Jésus d'or enfermé dans un orle rayonnant de même.

LE CORPS DES OFFICIERS DE L'ÉLECTION DE LA VILLE DE CLERMONT : d'azur, à trois fleurs de lys d'or, deux en chef et une en pointe.

LE CORPS DES OFFICIERS DE LA SÉNÉCHAUSSÉE ET SIÉGE PRÉSIDIAL DE CLERMONT : d'azur, à trois fleurs de lys d'or, 2 et 1.

LA COMMUNAUTÉ DES PRÊTRES DE L'ORATOIRE DE CLERMONT : d'azur, à deux noms de Jésus-Maria, posés l'un sur l'autre, d'or, environnés d'une couronne d'épine du même.

LE SÉMINAIRE DE CLERMONT : d'azur, à une croix du calvaire d'or.

LE COUVENT DES RELIGIEUSES DE SAINTE-URSULE DE CLERMONT : d'azur, à un nom de Jésus d'or.

LE COUVENT DES RELIGIEUSES DE LA VISITATION SAINTE-MARIE DE LA VILLE DE CLERMONT : d'or, à un cœur de gueules percé de

deux flèches d'or empennées d'argent passées en sautoir
au travers du cœur chargé d'un nom de Jésus d'or, et une
croix de sable fichée dans l'oreille du cœur, le tout enfermé
dans une couronne d'épine de sinople les pointes ensanglantées de gueules.

LA COMMUNAUTÉ DES PRÊTRES DE COMBRONDE : d'argent, à une
croix losangée d'azur et de gueules.

LE CHAPITRE DE SAINT-MARTIN DE COURNON : d'azur à un Saint-
Martin d'or, sur un cheval d'argent, donnant l'aumône à
un pauvre couvert de gueules.

LA VILLE DE COURPIÈRE : d'or, à une tour de gueules.

LE COUVENT DES MINIMES DE COURPIÈRE : d'azur, à un Charitas
en lettres capitales d'or, surmonté d'un cœur enflammé de
même, le tout entouré d'une couronne d'épine aussi d'or.

LE CORPS DES OFFICIERS DE LA JUSTICE DE COURPIÈRE : d'or, à un
sceptre royal d'azur, posé en pal.

LE CHAPITRE DE L'ÉGLISE NOTRE-DAME DE CREST : de gueules, à
une Notre-Dame d'argent.

LA COMMUNAUTÉ DES PRÊTRES DE DIENNE : de gueules, à un calice d'or.

LE CHAPITRE DE L'ÉGLISE COLLÉGIALE DU CHATEAU DE LA VILLE
D'ENNEZAT : d'azur, à un saint Victor et une sainte couronnée martyre, confrontés d'or.

LE CORPS DES OFFICIERS DE LA JUSTICE D'ENNEZAT : de gueules, à
un chevron fascé, ondé d'argent et d'azur accompagné de
trois lions de même deux en chef et un en pointe (1).

LE PRIEURÉ D'ESTEIL : d'or, à un pal de gueules, chargé de trois
étoiles d'argent.

L'ABBAYE DE FENIERS : de gueules, à une crosse d'argent en
pal, accostée de deux trèfles d'or.

LE COUVENT DES RELIGIEUSES DE FENIERS : d'argent, à une croix
de gueules, chargée en cœur d'un nom de Jésus d'or.

LE COUVENT DES RELIGIEUX DE GANNAT : de gueules, à une croix
d'argent.

(1) Voir à ce sujet : *Archives du Puy-de-Dôme*, C. 4784.

La Communauté de la paroisse de Glénat : d'or, à trois gerbes de gueules, 2 et 1.

Le Prieuré de Glénat : de sinople, à un bâton prieural d'or posé en pal.

Le Chapitre de l'Église Notre-Dame d'Herment : de gueules, à une Notre-Dame d'argent.

La Ville d'Issoire : d'argent, à un sautoir de gueules semé de fleurs de lys d'or.

Le Couvent des Bénédictins de la ville d'Issoire : d'azur, à une fasce d'argent chargée d'un S et d'un A de sable, entre trois points de même, accompagnée en chef d'un cimeterre d'argent et en pointe de deux palmes d'or passées en sautoir.

Le Corps des Officiers de l'Élection d'Issoire : d'azur, à trois fleurs de lys d'or, 2 et 1.

Le Prieuré de Jessac : d'azur, à une main dextre de carnation parée d'argent, tenant trois épis de blé en poignée d'or.

La Ville de Langeac : de gueules, à un chef d'or, chargé de trois fleurs de lys d'azur.

Le Chapitre de l'Église collégiale de la ville de Langeac : de gueules, à un chevron d'or et un lion d'argent brochant sur le tout.

L'Abbaye de Lesclache, ordre de Cîteaux : d'or, à une croix crénelée de sable.

La Ville de Lezoux : de gueules, à six besans d'argent posés en sautoir.

Le Chapitre de Lezoux : d'azur, à un saint Pierre et un saint Antoine, martyrs, le tout d'or.

La Ville de Maringues : d'azur, à un cygne d'argent sur une mer de même.

Le Corps des Officiers du dépôt des sels de la ville de Maringues : d'azur, à trois fleurs de lys d'or, 2 et 1, avec cette inscription : *Seel du dépôt de la ville de Mariagues.*

Le Corps des Officiers de l'Hôtel-de-Ville de Maringues : d'azur, à trois fleurs de lys d'or.

Le Corps des Officiers de la Justice de Maringues : d'azur, à trois fleurs de lys d'or, 2 et 1.

La Communauté des Prêtres de l'Église Notre-Dame de la ville de Maringues : d'azur, à une Notre-Dame d'argent.

Le Couvent des Religieuses de Sainte-Ursule de la ville de Maringues : d'azur, à une croix d'argent.

Le Prieuré de Marcolès : d'argent, à huit merlettes de sable posées en orle.

Le Couvent des Religieuses de Notre-Dame de Marsat : d'azur, avec Notre-Dame les mains jointes posant ses pieds sur un croissant, accollée de quatre anges à genoux et affrontés, deux soutenant d'une main la couronne qu'elle a sur sa teste et deux soutenant le reste de son corps ; le tout d'or et autour cette inscription : *S. Monasterii Marseaci.*

La Ville de Mauriac : d'or, à un maure de sable.

Le Couvent des Bénédictins de la ville de Mauriac : d'azur, à deux clefs d'argent passées en sautoir, accompagnées de quatre fleurs de lys d'or, une en chef, deux aux flancs et une en pointe.

Le Collège des Jésuites de la ville de Mauriac : d'azur, à un nom de Jésus d'or enfermé dans un cercle oval rayonnant de même.

Le Corps des Officiers de la Juridiction de la ville de Mauriac : d'or, à un sceptre royal d'azur et une main de justice de même passés en sautoir.

La Communauté des Curé et Prêtres de la ville de Mauriac : d'azur, à une croix d'or posée sur un nom de Jésus de même.

La Ville de Maurs : d'azur, à un maure de sable.

L'Abbaye de Mégemont : de sable, à une croix engressée d'or.

Le Couvent des Religieuses de Mégemont, ordre de Cîteaux : d'or, à un dauphin d'azur crété et oreillé d'argent.

La Ville de Montaigut : d'azur, à une grande M d'or, couronnée de même et accompagnée de trois fleurs de lys aussi d'or, deux en chef et une en pointe.

La Communauté des Prêtres de la ville de Montaigut : de gueules, à un calice d'or.

La Commanderie de Montchamps : d'or, à un pal d'azur semé de fleurs de lys d'argent.

La Ville de Montferrand : d'azur, à un lion lampassé et armé de gueules.

Le Chapitre de Montferrand : d'azur, semé de fleurs de lys d'or, à une image de la Vierge tenant son enfant Jésus de même, et soutenue en pointe d'un lion aussi d'or.

Le Corps des Officiers de bailliage de Montferrand : d'azur, à trois fleurs de lys d'or, 2 et 1.

Le Corps des Officiers de la Juridiction consulaire de la ville de Montferrand : d'or, à un sceptre royal et une main de justice passés en sautoir, le tout de gueules.

La Communauté des Religieux de Saint-Robert de la ville de Montferrand : d'or, à une croix de sable chargée en chœur d'une fleur de lys d'or.

Le Couvent des Religieuses de Sainte-Ursule de Montferrand : d'azur, à un nom de Jésus d'or.

Le Couvent de la Visitation Sainte-Marie de Montferrand : d'or, à un cœur de gueules percé de deux flèches d'or, empennées d'argent, passées en sautoir au travers du cœur chargé d'un nom de Jésus d'or et une croix de sable fichée dans l'oreille du cœur, le tout enfermé dans une couronne d'épine de sinople, les pointes ensanglantées de gueules.

Le Corps des Officiers de la Justice du Montel de Gelat : d'azur, à trois fleurs de lys d'or, 2 et 1.

Le Couvent des Religieux de l'abbaye de Montpeyroux : d'azur, à une crosse posée en pal et une épée posée en fasce brochante sur la crosse et formant aussi une croix laquelle est cantonnée au premier d'une fleur de lys et aux trois autres cantons d'une étoile à chacun, le tout d'or.

Le Chapitre de Monsalvy : d'argent, à une Vierge de carnation vêtue de gueules et d'azur, posée sur son pied sénestre, le dextre levé et les bras étendus comme pour s'élever en haut.

Le Chapitre de l'Église collégiale de Monsalvy : de sable, à un livre ouvert d'argent.

La Communauté des Prêtres de la Motte : d'or, à un calice de gueules.

Le Couvent des Religieuses de Mozat : d'or, à une croix pattée de gueules.

La Ville de Murat La Viscomtat : d'azur, à un lion d'or et un chef abaissé et crénelé de deux pièces et de deux [tours] de même, maçonné de sable.

Le Chapitre de l'Église collégiale de Murat : d'or, à un livre ouvert de gueules.

Le Couvent des Religieuses de Murat : d'azur, à un nom de Jésus d'or, soutenu de trois clous de la Passion apointés de même.

La Communauté des Prêtres de Neuréglise : d'azur, à un calice d'or.

La Communauté des Prêtres de la ville de Noxette : d'azur, à une Notre-Dame d'or.

Le Chapitre de Notre-Dame d'Orcival : d'azur, à une Notre-Dame d'argent, tenant son enfant Jésus de même.

Le Couvent des Religieuses de Pébrac : d'or, parti de gueules à une croix de l'un et de l'autre.

Le Prieuré de Pleaux : d'or, à un bâton de gueules posé en fasce.

La Ville de Pont-du-Chateau : de gueules, à un pont d'or surmonté d'une tour d'argent.

Le Chapitre de Pont-du-Chateau : de gueules, à une croix d'or, cantonné au 1er et dernier de même et au 2e et 3e d'une étoile d'argent.

Le Couvent des Chartreux du Port-Sainte-Marie : d'azur, à une Notre-Dame à demi-corps d'or, tenant sur son bras l'enfant Jésus de même, supporté par une nuée d'argent et accompagnée en pointe d'un agneau pascal de même et autour cette inscription : *Sigill. Carth. Portus B. Maria.*

Le Chapitre de La Queuille : d'azur, à une sainte Madeleine d'or.

Le Prieuré de Reillac : d'argent, à un calice de gueules.

La Ville de Riom : d'azur, à deux fleurs de lys d'or coupé d'or, à un gonfanon de gueules frangé de sinople.

LE COUVENT DES RELIGIEUSES CARMÉLITES DE LA VILLE DE RIOM : de sable, mantelé d'argent, la pointe de sable terminée en une croix pattée de même, accompagnée de trois étoiles d'or, deux en fasce et une en pointe, de l'un ou l'autre.

LE CHAPITRE DE NOTRE-DAME DU MARTHURET DE RIOM : de gueules, à six étoiles d'or : 3, 2 et 1, et un chef cousu d'azur, ondé et rayonné d'or.

LE CHAPITRE DE L'ÉGLISE COLLÉGIALE DE L'ÉGLISE SAINT-AMABLE DE LA VILLE DE RIOM : écartelé d'or et d'azur.

LE CHAPITRE DE LA SAINTE-CHAPELLE DE RIOM : d'azur, à trois fleurs de lys d'or 2 et 1, et un bâton de gueules posé en bande brochant sur la première fleur de lys avec cette inscription autour : *Sigillum Sanctæ Capellæ Riomensis.*

LE COUVENT DES RELIGIEUSES HOSPITALIÈRES DE LA VILLE DE RIOM, ORDRE DE SAINT-AUGUSTIN : d'azur, à un saint Augustin vêtu en évêque, crossé et mitré, tenant en sa main dextre élevée un cœur enflammé, le tout d'or.

LE CORPS DES OFFICIERS DE L'ÉLECTION DE RIOM : d'or, à trois fleurs de lys de gueules.

LE CORPS DES OFFICIERS DE LA SÉNÉCHAUSSÉE D'AUVERGNE ET SIÉGE PRÉSIDIAL DE RIOM : d'azur, à trois fleurs de lys d'or, 2 et 1, avec cette inscription latine autour : *Sigillum Seneschaliæ Arverniæ.*

LA COMMUNAUTÉ DES PRÊTRES DE L'ORATOIRE DE LA VILLE DE RIOM : d'azur, avec ces deux mots : Jésus Marie posés l'un sur l'autre, d'or, enfermés dans une couronne d'épine de même, avec ces mots : *Sigil. Orat. D. Jesu. Dom. Riomen.*

LE CORPS DES PRÉSIDENTS, TRÉSORIERS DE FRANCE ET GÉNÉRAUX DES FINANCES, EN LA GÉNÉRALITÉ DE RIOM, CLERCS CONSEILLERS DU ROI : d'azur, à trois fleurs de lys d'or.

LE COUVENT DES RELIGIEUSES DE NOTRE-DAME DE LA VILLE DE RIOM : d'azur, à un M et un A enlacés, formant le nom de Marie en abrégé et surmonté d'une croix pattée et soutenue de trois clous de la Passion.

LE COUVENT DES RELIGIEUSES DE LA VISITATION DE LA VILLE DE RIOM : d'or, à un cœur de gueules, une croix de sable au

pied fiché dans l'oreille du cœur percé de deux flèches d'or
empennées d'argent, passées en sautoir au travers de ce
cœur qui est chargé d'un nom de Jésus d'or. Le tout enfermé dans une couronne d'épine de sinople les pointes ensanglantées de gueules.

LE PRIEURÉ DE ROUFFIAC : d'or à une croix de sinople.

L'ABBAYE DE SAINT-ALYRE-LÈS-CLERMONT : d'azur, à une fasce
d'or chargé de deux lettres S et A de sable, accompagnée
de trois fleurs de lys d'or, deux en chef et une en pointe.

LA VILLE DE SAINT-AMAND : d'azur, à trois tours d'or rangées
sur une terrasse de sable.

LA COMMUNAUTÉ DES PRÊTRES DE SAINT-AMAND : d'azur à un
calice d'or.

LE COUVENT DES RELIGIEUSES DE SAINT-ANDRE-LÈS-CLERMONT :
d'azur, à un saint André sur sa croix, le tout d'or.

LA COMMANDERIE DE SAINT-ANTOINE : d'argent, à une croix de
sable au pied de laquelle passe un sanglier de même.

LE PRIEURÉ DE SAINT-ANTOINE : d'or, à un saint Antoine de
sable au pied duquel passe un cochon de gueules.

LE PRIEURÉ DE SAINT-CONSTANT : d'or, parti d'azur à une croix
de l'un et de l'autre.

LE PRIEURÉ DE SAINT ETIENNE DE CAPPELS : de sinople à une
croix d'or.

LA VILLE DE SAINT-FLOUR : parti d'azur et d'or semé de fleurs
de lys de l'un en l'autre à une bordure engrillée de gueules.

LE CHAPITRE DE LA CATHÉDRALE DE SAINT-FLOUR : d'azur, à trois
A arabiques d'or, 2 et 1.

LE CHAPITRE DE L'ÉGLISE COLLÉGIALE NOTRE-DAME DE SAINT-
FLOUR : d'azur, à une fasce d'or accompagnée en chef
d'une colombe s'essorant d'argent, becquée et membrée
de gueules et en pointe d'une étoile d'or.

LE COLLÈGE DES PÈRES JÉSUITES DE LA VILLE DE SAINT-FLOUR :
d'azur, à un nom de Jésus d'or entouré d'une ovale de
rayons de même.

LE CORPS DES OFFICIERS DU BAILLIAGE DE SAINT-FLOUR : de gueules, parti d'hermine et un chef de gueules chargé d'une
fleur de lys d'or.

LE CORPS DES OFFICIERS DE L'ÉLECTION DE SAINT-FLOUR : d'azur, à trois fleurs de lys d'or, 2 et 1.

LA COMMUNAUTÉ DES PRÊTRES DE LA VILLE DE SAINT-FLOUR : de gueules à un calice d'argent.

LE COUVENT DES RELIGIEUSES DE SAINT-FLOUR : d'azur, à une sainte Vierge d'or.

LE COUVENT DES RELIGIEUSES DE LA VISITATION DE SAINT-FLOUR : d'azur, à un Jésus-Maria d'or, entouré d'une couronne d'épine de même.

LE SÉMINAIRE DE SAINT-FLOUR : d'azur, à un nom de Jésus d'or.

LE PRIEURÉ DE SAINT-GENÈS-LÈS-MONGES : d'or, à un bâton prieural de sable accosté de deux lettres S et G de même.

LE CORPS DES OFFICIERS DE LA JUSTICE ORDINAIRE DE LA VILLE DE SAINT-GERMAIN-L'HERM : d'azur, à trois fleurs de lys d'or, 2 et 1.

LA VILLE DE SAINT-GERMAIN-LEMBRON : d'azur, à trois fleurs de lys d'or, 2 et 1.

LE CHAPITRE DE SAINT-GERMAIN-LEMBRON : d'azur, à un agneau pascal d'argent.

LE PRIEURÉ DE SAINT-GERMAIN-LEMBRON : d'azur, à un bâton prieural d'or en pal, accosté des lettres S et G de même.

LE PRIEURÉ DE SAINT-ILLIDE : de gueules, à trois têtes d'aigle d'or, 2 et 1.

LA COMMUNAUTÉ DES PRÊTRES DE SAINT-MARTIN : de gueules, à un calice d'or.

LE CHAPITRE DE L'ÉGLISE COLLÉGIALE DE SAINT-PAULIEN : d'or, à trois fasces d'azur et un rosaire d'argent, brochant sur le tout.

LE COUVENT DES RELIGIEUSES DE NOTRE-DAME DE LA VILLE DE SAINT-PAULIEN : d'or, à une croix échiquetée d'azur et de gueules.

LA VILLE DE SAINT-POURÇAIN : d'azur, à un pourceau d'argent (1).

LE PRIEURÉ DE SAINT-POURÇAIN EN AUVERGNE : d'azur, à une crosse d'or, party de gueules à une épée d'argent (2).

LE PRIEURÉ DE SAINT-PRIEST-DES-CHAMPS : d'azur à un bâton prieural d'or, accosté de deux lettres S P de même.

(1) *Armorial du Bourbonnais*, Bibl. nat., ms. 32197, page 583.
(2) *Ibidem*, page 383.

LE PRIEURÉ DE SAINT-SANTIN-CANTALÈS: d'or, à deux croix de
gueules, une en chef, l'autre en pointe.

LE PRIEURÉ DE SAINT-SAURY : d'or, à une colombe de gueules.

LA VILLE DE SALERS : de gueules, une tour d'or, surmontée
d'une étoile d'argent.

LE CORPS DES OFFICIERS DU BAILLIAGE DE SALERS : de gueules, à
un sceptre royal d'or posé en pal.

LA COMMUNAUTÉ DES CURÉ ET PRÊTRES DE LA VILLE DE SALERS :
d'azur, semé de croisettes d'or, et un pal de même, brochant sur le tout.

LA VILLE DE SAUXILLANGES : d'azur, à trois tours d'or, 2 et 1.

LE COUVENT DE LA VILLE DE SAUXILLANGES : d'or, à une croix du
calvaire de gueules.

L'ABBAYE DU MOUTIERS DE THIERS : parti, au 1er d'argent à trois
étoiles de gueules posées 2 et 1, au 2e d'or à un aigle à
deux testes de sable et un chef de gueules brochant sur le
parti chargé d'une épée en pal et de deux clefs passées en
sautoir, les pennetons confrontés.

LE CHAPITRE DE L'EGLISE COLLÉGIALE DE SAINT-GENÈS [DE THIERS]:
d'or, à un saint Genès martyr de gueules.

LE CORPS DES OFFICIERS DE LA CHATELLENIE DE THIERS : tiercé en
bande, d'or de gueules et d'azur.

LE CORPS DES OFFICIERS DE LA VILLE DE THIERS : d'azur, à une
nacelle d'argent dans laquelle est une figure humaine de
bout et de fasce de carnation, vêtue d'or, et sur la proue
de cette nacelle une fortune nue de carnation tenant de
ses deux mains une écharpe d'argent voltigeant sur sa
tête.

LE SÉMINAIRE DE LA VILLE DE THIERS : d'azur, semé d'étoiles
d'or, à un calice de même surmonté d'une hostie d'argent
et à l'entour de l'écu : *Congrégation du T. S. Sacrement de
Thiers, Séminaire et Collège de Thiers.*

LE PRIEURÉ DE THIÉZAC ET SAINT-JACQUES-DES-BLATZ : d'argent,
à deux bourdons de sable passés en sautoir.

LE PRIEURÉ DE TRIOULOU: d'or, à un bâton prieural de gueules
posé en pal.

Le Prieuré de la Vaudieu : d'or, à un bâton prieural de gueules posé en pal.

Le Chapitre de Vertaizon : d'azur, à l'image de Notre-Dame d'argent et autour ces mots latins en lettres gothiques : *Capitulum Vertesionense*.

Le Couvent des Religieuses de la Veyne : d'azur, à une croix d'or, chargée d'un cœur de gueules.

Le Prieuré de Vézac : d'argent, à un calice de gueules.

La Ville de Vic : d'or, à une fasce d'azur, chargée d'une fleur de lys d'or (1).

Le Couvent des Religieuses de la ville de Vic : d'argent à une patenôtre de sable.

La Ville de Vic-le-Comte : d'argent à trois macles de gueules 2 et 1 et un chef de même.

Le Chapitre de la Sainte-Chapelle de Vic-le-Comte : d'azur, à un saint Jean-Baptiste d'or tenant en sa main sénestre un agneau pascal d'argent.

La Communauté des Religieuses de Vieille-Brioude : d'argent, à un chevron ondé de gueules, semé de fleurs de lys d'or.

Le Prieuré de Vieille-Brioude : d'or, à un bâton prieural de sable posé en pal.

Le Prieuré de Vieillevie : d'argent, à un gril de sable le manche en haut.

Le Prieuré de Viescamps : d'argent, à un arbre arraché de sinople soutenu d'un croissant d'azur.

Le Prieuré de Vigean : d'or, à un bâton de sinople posé en fasce.

La Communauté des Prêtres de Volvic : d'azur, à un calice d'or.

La Communauté des Religieux de La Volte : d'argent, à une croix dentelée d'azur.

Le Prieuré et le Couvent de La Volte-Chilhac : d'argent, à une main dextre de carnation tenant une croix de sable.

(1 Aujourd'hui Vic-sur-Cère (Cantal).

Clermont, imp. Bellet. — 9033.